AF563757

Aux sources du racisme antimaghrébin

Jean-Luc Yacine

AUX SOURCES DU RACISME ANTIMAGHREBIN

Un impensé postcolonial de Moreau de Tours à Albert Camus

Du même auteur

Editions l'Harmattan Paris.
L'escargot. Roman. 1987
La mauvaise foi. Roman. 1993
Derrière les murs, l'oubli. Roman. 1995
Amghrar, la vérité voilée. Roman.1998
La question sociale chez Saint-Simon. Essai. 2001
Free Rider. Roman. 2011
Sur les hauteurs de Montmartre. Roman. 2014
En Musulmanie. Roman. 2017
La messe dans la porcherie. Roman. 2021
Editions Saint-Germain-des-Près. Paris.
Mélancolie. Poésie. 1976
La Béotie. Nouvelle. 1977
Les chemins de ma mémoire. Poésie 1977
Editions Théétète. Nîmes.
La folie à l'âge démocratique ou l'après Foucault. Essai. 2004
Editions Rahma. Lyon.
Jean Paul Sartre, un homme engagé pour l'indépendance de l'Algérie et contre la torture. Essai. 2022

5-7, rue de l'École-Polytechnique ; 75005 Paris

http://www.editions-harmattan.fr

ISBN : 978-2-14-035098-6

EAN : 9782140350986

« Pour nous, le choix est fait. Nous sommes de ceux qui refusent d'oublier. Nous sommes de ceux qui refusent l'amnésie même comme méthode. Il ne s'agit ni d'intégrisme, ni de fondamentalisme, encore moins de puéril nombrilisme. »

Discours sur le colonialisme (1950).

Aimé Césaire

Sommaire

Préface

Bien que la France soit un pays d'immigration depuis plus de 150 ans, l'intégration des Français d'origine maghrébine pose problème. En témoignent les difficultés qu'ils vivent au quotidien et qui sont de toute nature, mais essentiellement racistes et ségrégatives. Ces souffrances demeurent sans solution, ni apaisement, alors que l'idéal républicain français ambitionne à ce que chaque Français se sente Français et soit considéré comme tel. On peut observer que ces personnes sont constamment « assignées à résidence identitaire », et ce n'est pas leur présence en grand nombre dans des banlieues sordides qui peut infirmer ce constat. « Le creuset républicain », modèle d'intégration des populations étrangères dysfonctionne pour cette population, et un Français originaire du Maghreb, bien que né en France, de la première, deuxième, troisième génération, (pourquoi pas de la millième), se voit constamment contraint de justifier une indéfectible appartenance à la nation française sous peine de suspicion de déloyauté. Cette suggestion, sans cesse renouvelée, s'alimente d'arguties, et l'islamophobie, dernière en date, transforme chaque Français d'origine maghrébine (par nature musulmane selon les mêmes codes) en islamiste.

Il est temps que les Franco-Maghrébins puissent, comme tout français, répondre naturellement, qu'ils sont originaires du Maghreb, soit du nord ou de l'est, du sud, de l'ouest de la France ou encore des DOM-TOM. Aussi convient-il d'appréhender comment et pourquoi ces funestes préjugés qui ne se résignent pas à disparaitre ont été forgés.

Ces clichés, liés à la violence au désordre et à la sous-culture qui déterminent la population d'origine maghrébine dans la conscience collective, sont à dénoncer comme une insulte à la civilisation. Non seulement ils affaiblissent la République en dévoyant ses valeurs égalitaires, mais ils contribuent également aux replis identitaires qui l'asphyxient.

La guerre en Ukraine a mis en lumière qu'un réfugié de couleur est surtout un homme de couleur, quand son pareil ukrainien est un homme blanc. La différence de traitement qui leur est accordé semble ne pas les ranger dans la même catégorie d'êtres humains. Songeons encore au sort tragique réservé à ces déshérités qui traversent la Méditerranée ou la Manche. Ou encore aux réfugiés Syriens et autres « Orientaux ».

Prologue

Si comme Aristote[1] le suggère, l'on considère la « catégorie » comme concept de base de l'entendement du réel et qu'un système de domination puise sa force dans la prescription de ses catégories pour décrypter le monde, il convient d'interroger celles-ci sur leur validité. Il n'est pas vain de se soucier des discours réducteurs, essentialistes et péjoratifs qui habillent les analyses portant sur l'immigration en général et les immigrés d'origine maghrébine en particulier. La virulence des anathèmes qui ont accablé ces populations et les accable encore aujourd'hui dans le discours populaire, justifie d'identifier ses fondements. « Le racisme le plus difficile à encaisser était celui de Français qui me percevaient comme une pièce rapportée, inférieure, qui ne me le disaient pas, mais qui me le faisaient bien sentir. On ne me voyait que par mes différences. J'étais toléré pas admis ; on s'adressait à moi de façon condescendante, voire méprisante. » Et de continuer : « Mes ancêtres sont de Tunis et quelques autres de Dellys (Algérie), ils ne sont pas des montagnes de l'Isère ou de la campagne de Lozère ; peu importe que je sois né en France. Peu importe que mon grand-père paternel, Mohamed Bestandji, ait été soldat de métier dans l'armée française ; peu importe qu'il ait été décoré pour ses faits d'armes lors des nombreux conflits où il a combattu pour la patrie. Alors que les grands-pères de ces Français méprisants n'avaient pour actes glorieux que leur fuite du STO. »[2]Ce témoignage rappelle l'un des dogmes de la pensée coloniale exaltée au XIXè siècle : « Les musulmans néofrançais devront faire

---

[1] Aristote (384-322 av. J.-C.) philosophe grec de l'Antiquité.

[2] « De « bougnoule » à « racisé », chronique d'un racisme ordinaire. » Billet humeur, par Naëm Bestandji publié le 11/02/2021.

preuve, à l'égard de la France, d'un parfait loyalisme… »[1] (in, A la recherche de l'homme musulman. Robert Berthelier. Erès « Sud/Nord ». 2007/1 n°22. P.127à 1476.)

Souvenons-nous du portrait du colonisé que dresse Albert Memmi : « Un seul moyen : abaisser le colonisé pour se grandir, refuser la qualité d'homme aux indigènes, les définir comme de simples *privations.* Cela ne sera pas difficile puisque justement, le système les prive de tout ; la *pratique* colonialiste a gravé l'idée coloniale dans les choses mêmes ; c'est le mouvement des choses qui désigne à la fois le colon et le colonisé. Ainsi, l'oppression se justifie par elle-même : les oppresseurs produisent et maintiennent de force des maux qui rendent, *à leurs yeux* , l'opprimé de plus en plus semblable à ce qu'il faudrait qu'il fût pour mériter son sort ».[2]

Le rapport de domination s'organise dans un système performant qui soumet les âmes et les corps des colonisés et n'admet aucune échappatoire. Être humain, c'est être doué de pensée, de conscience. Un être humain c'est une subjectivité, un sujet, pas un objet. Ici le colonisé apparaît comme une chose, comme un objet, il n'apparaît pas à l'autre en tant qu'homme. Le colonisateur lui dénie toute espèce d'humanité ; désormais le colonisé se transforme en une chose dépossédée de son humanité, il est qualifié de sous-homme, de la coupe aux lèvres il n'y a qu'un pas que franchit allégrement Jules Ferry, dans un discours prononcé à la Chambre des Députés, le 28 juillet 1885 : « Messieurs, il faut parler plus haut et plus vrai ! Il faut dire ouvertement qu'en effet les races supérieures ont un droit vis-à-vis des races inférieures… Je répète qu'il y a un devoir pour elles. Elles ont le devoir de civiliser les races inférieures. »

---

[1] Trenga Victor, « l'âme arabo-berbère. Étude sociologique sur l'islam nord-africain. » Homar éditeur, Alger 1913.

[2] Albert Memmi, « portrait du colonisé », in Situations, V, p.53-54, éditions Gallimard, Paris 1964.

Bien des situations s'offrent à ce travail de précision de la pensée, toutefois j'ai choisi la psychiatrie coloniale en Algérie, comme productrice des stéréotypes scientistes, comme le « primitivisme »[1] à caractère raciste qui persiste et nourrit un impensé post-colonial. Il s'agira d'évoquer ce qu'est le scientisme, la théorie des races, le traitement moral, l'émergence de la psychiatrie coloniale en Algérie, Moreau de Tours, psychiatre de la colonisation française, l'asile d'Aix-en-Provence, l'école d'Alger d'Antoine Porot, les hospitalisations d'internés et de détenus politiques pendant la guerre d'Algérie, la révolte de Franz Fanon et l'impensé colonial d'Albert Camus.

---

[1] Pendant un demi-siècle, les psychiatres de l'école d'Alger ont défendu la théorie du « primitivisme » plaçant « l'indigène nord-africain » à mi-chemin entre l'homme primitif et l'Occidental évolué.

Scientisme et évolutionnisme.

Le scientisme est issu du positivisme. Un savoir positif se reconnaît à deux traits : d'une part, il naît d'une expérience ; d'autre part, il la décrit en éliminant les abstractions sans contenu, en utilisant seulement des lois, c'est-à-dire des relations constamment observables dans les faits. C'est le sens d'une expression qui revient souvent sous la plume d'Auguste Comte dès le début de sa correspondance avec son ami Valat : « La seule vérité absolue, c'est que tout est relatif »,[1] et qui considère la connaissance scientifique comme la connaissance absolue, car elle satisfait tous les besoins de l'intelligence humaine.

C'est un concept philosophique du XIXe siècle qui estime que la connaissance ne peut être atteinte que par la science expérimentale, par opposition aux révélations religieuses, aux superstitions, aux traditions, aux coutumes ainsi qu'à toute autre forme de savoir.

En décrétant la science expérimentale seule source fiable de savoir sur le monde, le scientisme se propose en conséquence d'« organiser scientifiquement l'humanité » et d'énoncer que « La science décrit (vraiment) le monde tel qu'il est ».

L'évolutionnisme, en anthropologie, est une théorie sociale qui postule qu'il est possible de générer des lois explicatives de l'évolution des sociétés. Pour les anthropologues de cette époque, l'espèce humaine ne fait qu'un, et chaque société suit la même évolution de l'état de « primitif » jusqu'au modèle de la civilisation occidentale. Certains courants de cette théorie postulèrent un mode d'évolution linéaire sur le modèle unique du développement de la société occidentale. Cet évolutionnisme

---

[1] Auguste Comte (1798-1857)

interpréta systématiquement la coexistence de différentes cultures dans le monde comme se succédant l'une après l'autre : les cultures étrangères prétendument primitives étant identifiées aux formes passées de leur propre société. Ce qui conduisit à la métaphore d'une "étape d'enfance" du développement humain, à partir de laquelle on déduisit le droit, voire le devoir, d'éduquer les "sauvages", c'est-à-dire les civiliser et les missionner, et en cas de résistance, si nécessaire, de recourir à la violence, comme il était d'usage dans l'éducation des enfants jusqu'au siècle dernier. À cet égard, l'évolutionnisme a été une légitimation pour le colonialisme et les violences associées. C'est dans ce contexte que naquit le racisme scientifique (à distinguer toutefois du racisme anthropologique, attaché à l'unité du psychisme humain), qui visait à expliquer le retard apparent des populations non européennes par des différences biologiques. Herbert Spencer[1], savant contemporain de Charles Darwin[2] et promoteur de ce que l'on nomme improprement le darwinisme social, considère ainsi les sociétés humaines comme des organismes vivants (théorie *organiciste*), soumis aux mêmes règles d'évolution que les espèces biologiques. L'hérédité (les caractères innés) jouerait un rôle prépondérant par rapport à l'éducation (les caractères acquis). Il propose ainsi un système idéologique qui voit dans les luttes civiles, les inégalités sociales et les guerres de conquête rien de moins que l'application à l'espèce humaine de la sélection naturelle.

---

[1] Herbert Spencer, né le 27 avril 1820 à Derby et mort le 8 décembre 1903 à Brighton, est un philosophe et sociologue anglais.

[2] Charles Robert Darwin né le 12 février 1809, à Shrewsbury dans le Shropshire et mort, le 19 avril 1882, à Downe dans le Kent, est un naturaliste et paléontologue britannique dont les travaux sur l'évolution des espèces vivantes ont révolutionné la biologie avec son ouvrage *L'Origine des espèces* paru en 1859.

Théorie des races.

Dès le début du XIXe siècle une thèse[1] issue de la classification des espèces des êtres vivants les hiérarchisant des moins évolués aux plus évolués, place l'homme comme espèce supérieure à toutes les autres et réfute l'égalité des races humaines. Buffon[2] déjà, dans « L'Histoire naturelle, générale et particulière » dont les premières parties, « De la nature de l'homme » et « Variétés dans l'espèce humaine » qui paraissent en 1749, établit une hiérarchie qu'impose son monogénisme (relatif au monogénisme, système ancien qui soutient que tous les types humains ont la même origine) : « [si les animaux étaient supérieurs aux plantes et les plantes aux objets inanimés, un rapport similaire entre supérieurs et inférieurs s'appliquait à l'intérieur de chaque domaine et au sein de chaque espèce]...[les philosophes tirèrent de ces hiérarchies des conclusions pseudo-scientifiques au sujet des hommes. Les Blancs, selon Voltaire[3], étaient « supérieurs à ces Nègres, comme ces Nègres le sont

[1] Dès le début du 19e siècle, la thèse polyphylétique, qui rattache les populations humaines à différentes espèces de singes – excluant ainsi l'existence d'un ancêtre commun à tous les Hommes –, est soutenue par plusieurs savants, pour qui il est inconcevable que toutes les « races » se valent. Marylène Patou-Mathis, « Le « paradigme racial », in « De la hiérarchisation des êtres humains au « paradigme racial » », CNRS éditions, Hermès , La Revue, 2013 / 2 n° 66 p.30.

[2] Georges-Louis Leclerc, comte de Buffon (7 septembre 1707-16 avril 1788) est un naturaliste, mathématicien, biologiste, cosmologiste, philosophe et écrivain français.

[3] François-Marie Arouet dit de Voltaire, « Traité de métaphysique » 1734, in «Oeuvres complètes », édit. Louis Moland. 52 t. Paris, 1877-1885, t. 22, 240.

aux singes, et comme les singes le sont aux huitres et aux autres animaux de cette espèce.] »[1]

La question des origines sera la grande question qui agitera les milieux intellectuels au cours de la seconde moitié du XIXe siècle et la parution des ouvrages de Darwin, en 1859 et, en 1871, confortera la théorie d'une ascendance simiesque de l'Homme. On classera et hiérarchisera les Hommes modernes des inférieurs aux supérieurs, en s'appuyant sur l'anatomie comparée et les méthodes anthropométriques comme la craniométrie et la céphalométrie pour établir la proximité de certaines « races », notamment celle des « Nègres », avec les singes : « Georges Cuvier[2], le père de l'anatomie comparée, dans un mémorandum daté du 1er avril 1815 adressé à Réaux, rapproche ainsi les Noirs et les Hottentots de deux espèces différentes d'orangs-outans ! En 1861, l'anatomiste Paul Broca[3] écrit : « on a vu que la capacité crânienne des nègres de l'Afrique Occidentale (1372, 12 cm^3) est inférieure d'environ 100 cm^3 à celles des races d'Europe ». La craniométrie, qui a servi à légitimer les discours racistes, sera utilisée par les nazis comme support d'expositions afin que le public allemand puisse différencier les « races humaines ».[4]

Les préjugés sur les différentes races prirent de l'ampleur et tentèrent de conférer une valeur scientifique à la race. Joseph Gobineau dans son « Essai sur l'inégalité des races humaines » décrit différentes caractéristiques

---

[1] Pierre Henri Boulle, « La construction du concept de race dans la France d'Ancien Régime », in Outre-mers, t. 89, n°336-337.

[2] Jean Léopold Nicolas Frédéric Cuvier, dit Georges Cuvier, né le 23 août 1769 à Montbéliard et mort le 13 mai 1832 à Paris, est un anatomiste français.

[3] Paul Pierre Broca, né le 28 juin 1824 à Sainte-Foy-la-Grande et mort le 9 juillet 1880 à Paris, est un médecin, anatomiste et anthropologue français.

[4] Marylène Mathis. Op. Cit. p.32.

telles que la couleur de la peau, couleur et texture des cheveux, forme et taille du crâne qu'il met en concordance avec les caractères psychiques, intellectuels et moraux qui conduisent à une hiérarchisation de valeur des races ou groupements humains. Il en distingue trois grands types nettement distincts, le Noir, le Jaune et le Blanc. Les deux premiers types sont catalogués de médiocres. En revanche le troisième type, le Blanc recueille tous les éloges: « Viennent maintenant les peuples blancs. De l'énergie réfléchie, ou pour mieux dire, une intelligence énergique ; le sens de l'utile, mais dans une signification de ce mot beaucoup plus large, plus élevée, plus courageuse, plus idéale que chez les nations jaunes ; une persévérance qui se rend compte des obstacles et trouve, à la longue, les moyens de les écarter ; avec une plus grande puissance physique, un instinct extraordinaire de l'ordre, non plus seulement comme gage de repos et de paix, mais comme moyen indispensable de conservation, et, en même temps, un goût prononcé de la liberté, même extrême ; une hostilité déclarée contre cette organisation formaliste où s'endorment volontiers les Chinois, aussi bien que contre le despotisme hautain, seul frein suffisant aux peuples Noirs.

Les Blancs se distinguent encore par un amour singulier de la vie. Il paraît que, sachant mieux en user, ils lui attribuent plus de prix, ils la ménagent davantage, en eux-mêmes et dans les autres. Leur cruauté, quand elle s'exerce, a la conscience de ses excès, sentiment très problématique chez les Noirs. En même temps, cette vie occupée, qui leur est si précieuse, ils ont découvert des raisons de la livrer sans murmure ; le premier de ces mobiles, c'est l'honneur, qui, sous des noms à peu près pareils, a occupé une énorme place dans les idées, depuis le commencement de l'espèce. Je n'ai pas besoin d'ajouter que ce mot honneur et la notion civilisatrice qu'il enferme sont, également, inconnus aux Jaunes et aux Noirs.

Pour terminer le tableau, j'ajoute que l'immense supériorité des Blancs, dans le domaine entier de l'intelligence, s'associe à une infériorité non moins manquée dans l'intensité des sensations. Le Blanc est beaucoup moins doué que le Noir et que le Jaune sous le rapport sensuel. Il est ainsi moins sollicité et moins absorbé par l'action corporelle, bien que sa structure soit remarquablement plus vigoureuse ». (extrait de « Essai sur l'inégalité des races humaines », livres 1à 4, éditions Pierre Belfond, 1967).

Ces thèses largement, relayées par Vacher de lapouge[1], George Montandon[2] et bien d'autres donnèrent leur crédit scientifique à toutes ces « expéditions civilisatrices » qui plongèrent les peuples colonisés dans le malheur[3]. Ces thèses racistes, grâce aux percées de la génétique sont aujourd'hui périmées bien qu'elles refassent régulièrement surface, notamment dans certains types de discours politiques extrémistes continuant de nourrir les préjugés racistes humiliants et discriminants :

Pour respectabiliser le RN, Marine le Pen a encore du travail. La branche jeune du Parti lepéniste, n'a-t-elle pas choisi de placer une de ses universités d'été «sous le patronage» de feu Alexis Carrel. «Nuisible à la race». Prix Nobel de médecine, en 1912, ce médecin lyonnais qui a rejoint très tôt les rangs de la formation collaborationniste, le Parti Populaire Français (PPF) de Jacques Doriot, et appartenait à l'intelligentsia maréchaliste s'était fait connaître dès 1935 pour ses thèses eugénistes publiées dans « L'Homme, cet

---

[1]Le comte Georges Vacher de Lapouge, né le 12 décembre 1854, à Neuville-de-Poitou (Vienne) et mort le 20 février 1936 à Poitiers (Vienne)

[2] George Alexis Montandon est un médecin, anthropologue et explorateur helvético-français, né à Cortaillod en Suisse, le 19 avril 1879 et mort en août 1944,

[3] Jean-Luc Yacine, « Jean Paul Sartre un homme engagé pour l'indépendance de l'Algérie et contre la torture » », éditions Rahma, Lyon, 2022.

inconnu ». Des écrits qui lui ont valu, après 1941, d'être nommé à la direction de la Fondation française pour l'étude des problèmes humains, placée directement sous l'autorité du maréchal Pétain. «Nous savons que la sélection naturelle n'a pas joué son rôle depuis longtemps. Que beaucoup d'individus ont été conservés grâce aux efforts de l'hygiène et de la médecine. Que leur multiplication a été nuisible à la race», écrivait dans les années trente le Dr Carrel).[1]

[1] Christophe Forcari, Libération, publié le 2 juillet 2005, à 2h50.

Spectacles « anthropozoologiques »

Ils symbolisent le chaînon manquant entre bêtes et hommes postulé par les darwiniens, pourvoyant ainsi à l'imaginaire colonial le sentiment de supériorité du Blanc. Il est vrai qu'en Occident les premières représentations de « l'autre » qui permettent d'élaborer une autoreprésentation, de se situer dans le monde, sont attestées depuis l'Antiquité, catégorisation du « barbare », du « métèque » et du citoyen. Ces représentations sont également présentes durant les croisades, et lors des conquêtes coloniales des XVIè et XVIIè siècles. Mais jusqu'au XIXè siècle ces représentations de l'autre ne sont pas forcément négatives et n'ont pas encore infusées profondément le corps social. La construction de l'identité de toute civilisation se bâtit toujours de cette manière.

Certes, le premier « village indigène » ne date pas de 1889. Le duc Frédéric II de Hesse-Cassel installa une colonie d'Africains dans un village oriental avec pagodes et jardin à Wilhelmshöhe, près de Francfort, dans l'intention d'étudier leurs mœurs et leur anatomie. Beaucoup moururent de tuberculose ou se suicidèrent. Leurs dépouilles furent confiées à l'anatomiste Samuel Thomas Sömmering qui réalisa en 1784 la première détermination des caractéristiques anthropométriques de la race noire, et incidemment le premier test en grand du comparatisme disqualifiant du Noir au Blanc favorable à la notion d'échelle des hommes.[1]

[1] Claude Blanckaert. Spectacles ethniques et culture de masse au temps des colonies. In revue d'Histoire Des Sciences Humaines 2002/2 (n° 7),P.223 à 232.

Les spectacles anthropozoologiques permettent le passage du racisme scientifique au racisme colonial vulgarisé. La « Vénus hottentote » inaugure ce passage. Originaire du Cap, exhibée dans une cage à Londres en 1810, et dont la caricature humiliante du développement graisseux de ses fesses alimenta un racisme des plus grossier. Sarah Baartman mourut à Paris en décembre 1815. Son moulage en pied ornera longtemps les vitrines du Muséum puis du Musée de l'Homme au Trocadéro. Elle fut disséquée par Georges Cuvier[1] et les particularités de son anatomie corporelle et de son cerveau justifièrent les savants verdicts sur l'infériorité des races de couleur.

De fait les « Zoos humains », des années 1870 jusqu'en 1934 ont exhibé devant les foules occidentales des étrangers dits « sauvages » : [Déportés dans des conditions exécrables des quatre coins de la planète, liés par des contrats crapuleux à des entrepreneurs de spectacle, soumis à toutes les vexations]...[Les expositions universelles ou coloniales, d'Europe ou d'Amérique, ont institutionnalisé ensemble ce « show ethnique » et le trafic de chair humaine. Marchands d'animaux, directeurs de cirque, administrateurs de jardins d'acclimatation, tous solidaires, ont tracé un circuit de distribution. Avec la souveraine caution d'anthropologues racistes, ils ont façonné les opinions publiques : le zoo humain, on l'aura compris, est d'abord un huis clos colonial.][2]

---

[1] Note 1, p.20.

[2] Op.cit.p.25

C'est par millions que les Français, de 1877 au début des années 30 se précipitent dans ces « spectacles ». L'impact dans la construction de l'image de « L'autre » est considérable. D'autant qu'ils se combinent avec une propagande coloniale par l'image et par le texte initiée le plus souvent par « L'union coloniale française ». « L'union avait acquis après 1919 un rôle d'agence de presse. Elle envoyait gratuitement à 90 quotidiens de Paris et de province, deux fois par semaine, des études ou des articles entièrement rédigés, lesquels étaient le plus souvent reproduits intégralement sans mention d'origine, sous la signature du rédacteur habituel du journal. »

Ces présentations sont également de formidables machines à « fabriquer » du stéréotype raciste justifiant la grandeur de la mission civilisatrice de l'Occident. La visite du « village indigène » devient une « cérémonie d'auto-validation » de l'imaginaire colonial et conforte le sentiment de supériorité du Blanc. [Les Parisiens accourent pour découvrir ce que la grande presse qualifie alors de « bande d'animaux exotiques, accompagnés par des individus non moins singuliers ». Entre 1877 et 1912, une trentaine d'« exhibitions ethnologiques » de ce type seront ainsi produites au jardin zoologique d'acclimatation, à Paris, avec un constant succès.]…[De nombreux autres lieux vont rapidement présenter de tels « spectacles » ou les adapter à des fins plus « politiques », à l'image des Expositions universelles parisiennes de 1878, de 1889 (dont le « clou » était la tout Eiffel) – un « village nègre » et 400 figurants « indigènes » en constituaient l'une des attractions majeures et celle de 1900, avec ses 50 millions de visiteurs et le célèbre Diorama « vivant » sur Madagascar, ou plus tard, les Expositions coloniales, à Marseille en 1906 et 1922, mais aussi à Paris en 1907 et 1931.]

Le traitement moral.

La naissance de la psychiatrie, autour des années 1800, s'est définie d'abord comme l'invention d'une thérapeutique. Après la parution du « Traité médicophilosophique sur l'aliénation mentale » de Pinel[1](médecin aliéniste), la conviction d'une curabilité de la folie, la thérapie comme cure efficace des aliénés par un traitement moral est instaurée :

« Le traitement moral, tout le monde sait à peu près ce que c'est, et il faut dire que ce n'est pas, en général, la lecture des livres touchant de près ou de loin au sujet qui risque de détromper quiconque. Imaginons une enquête par sondage auprès d'un échantillon représentatif des professions « psy », voilà ce qui serait vraisemblablement le résultat : les psychiatres faisaient la morale à de malheureux fous qui n'en pouvaient pas, mais nous autres, nous savons que ça ne sert à rien. Plus sophistiqué : l'âge classique enfermait les fous dans la contrainte très matérielle des chaînes ; Pinel les libère, mais pour passer en réalité à une technique beaucoup plus subtile du refoulement de la folie; l'intériorisation de la contrainte par le patient, technique qui serait proprement celle du traitement moral. Variante humaniste : on moralise l'environnement des fous, en mettant fin aux conditions dégradantes de l'enfermement et aux mauvais traitements dont ils étaient l'objet. Là-dessus, on se rappelle que d'une société à dominante religieuse, on passe, au XIXè siècle, à une société à dominante laïque et donc morale. Tout, dès lors, devient clair ; la psychiatrie a très logiquement fonctionné dans un tel cadre et au travers du traitement moral comme un relais dans l'inculcation des valeurs domi-

---

[1] Philippe Pinel, né le 20 avril 1745, à Jonquières (Tarn) et mort le 25 octobre 1826 à Paris.

nantes à une population requérant des soins particuliers en la matière, puisque rebelle, précisément, ou réfractaire à la logique commune. »[1]

À l'époque de Pinel, le « moral », dans la tradition philosophique et médicale, c'est ce qui s'oppose au « physique ». « Moral : le moral, le système moral de l'homme : l'ensemble des facultés intellectuelles et des affections de l'âme, considéré comme un état opposé à l'état matériel ou physique, comme une manière d'être distincte et séparée de la nature humaine. »[2]

Ainsi, pas de confusion, le traitement moral c'est tout simplement un traitement qui, déclarant secondaires ou inefficaces les moyens physiques d'agir sur l'aliéné, privilégie au contraire l'appel aux facultés intellectuelles et aux sentiments ou aux passions, car, il est besoin de le souligner, ce qui conduit Pinel à la « découverte » du traitement moral, ce fut précisément une rupture avec une conception morale de la folie. Le glissement de sens, si l'on accrédite la légende d'un traitement par la morale, peut s'expliquer pour une part, par les thèses de Leuret[3], combattues en leur temps par la majorité des « aliénistes » de l'époque, et d'autre part par l'appel à la catégorie de « moralisation » chez les tenants de l'étiologie dégénérative (l'une des pre-

---

[1] Gladys Swain, « Dialogue avec l'insensé. À la recherche d'une autre histoire de la folie », Paris, éd. Gallimard, NRF, coll. Bibliothèque des sciences humaines, 1994, p.9

[2] Cabanis, « Rapports du physique et du moral de l'homme », en 2 vol., 1802 ; édités séparément par le docteur Laurent Cerise, 1843, et par Louis Peisse, 1844. C'est le plus important de ses ouvrages : il se compose de 12 mémoires (6 lus devant l'Institut, en 1796,-1797 et publiés en 1798, et 6 supplémentaires pour l'édition définitive de 1802). Cabanis y traite de la part des organes dans la formation des idées, de l'influence des âges, des sexes, des tempéraments, des maladies, du régime ; ainsi que de la réaction du moral sur le physique.

[2] François Leuret,né le 30 décembre 1797 à Nancy et mort dans la même ville le 5 janvier 1851, est un anatomiste et psychiatre français.

mières conditions de la prévention des troubles mentaux doit être la « moralisation » du peuple. Ni alcool, ni débauches en tous genres, sources d'origine toxique des processus psychopathologiques) : « La seule arme doit être la parole entrainante des entretiens moralisateurs. L'essentiel, c'est d'acquérir des idées morales capables de diriger notre vie, de régler notre conduite, vis-à-vis de nous-mêmes et vis-à-vis des autres. »[1]

La leçon qu'il convient sommairement de brosser, c'est qu'il existe un lien entre la psychiatrie et la morale en son moment de naissance, et donc de la transformation mythologique du « traitement moral » en traitement par la morale ».

En attendant, les aliénistes se mobilisent pour se défendre contre ceux qui doutent de leur science. Les fondateurs des approches thérapeutiques citées plus haut, mettaient en avant leurs succès thérapeutiques et leur souci d'améliorer le sort des malades mentaux. La loi du 30 juin 1838 sur les aliénés, en donnant des pouvoirs nouveaux aux médecins aliénistes, a accentué la défiance de la société à leur égard. Gardiens de l'ordre, ils sont accusés de laisser vaquer des individus dangereux et de disculper des criminels.[2] En même temps, diverses campagnes de presse laissent planer des soupçons sur leur complicité dans des internements arbitraires. D'où une succession de tentatives de révisions de la loi. (Elles avorteront les unes après les autres et mettront plus d'un siècle pour aboutir, en 1990.)[3]

Dans les années 1850, à la naissance des premiers asiles, il s'agit davantage, pour préserver et justifier le droit d'e-

[1] Gladys swain, op. cit. p.92

[2] Discours encore d'actualité tenus par des extrémistes à propos de l'article 64 du code pénal : « Il n'y a ni crime ni délit, lorsque le prévenu était en état de démence au temps de l'action, ou lorsqu'il a été contraint par une force à laquelle il n'a pu résister ».

[3] Hochmann Jacques, « Le tournant 1850 », in Histoire de la psychiatrie (2015), p. 27à42.

xercice de la profession, d'affirmer posséder, sur l'évolution, l'étiologie et les lésions causales des maladies qu'on y traite, un savoir égal à celui des autres médecins.

Les progrès de la médecine anatomo-clinique ont institué un modèle quasi obligatoire de scientificité : une maladie se définit par ses signes, son évolution, ses causes prochaines ou lointaines et par la vérification ultime d'une lésion. Si le psychiatre dispose de symptômes plutôt que de signes (le symptôme étant ce dont le malade se plaint, le signe ce que le médecin, grâce à son savoir, fait apparaître ou révèle derrière le symptôme), il peut aussi décrire et prévoir une évolution chez l'individu et dans sa descendance. Il se réfère à des causes, essentiellement à l'hérédité. Mais alors qu'en est-il de la lésion ? C'est Morel[1] qui résout la question en faisant de l'hérédité elle-même, la cause d'une lésion, qu'il appelle aussi « principe dégénérateur » au sens « méta-physique ».

Moreau de Tours[2] se montre moins métaphysicien. Inspiré par Griesinger[3] et aussi Broussais[4], il conserve à la lésion un caractère dynamique. Moreau de Tours marque son peu d'enthousiasme pour le traitement moral, incapable selon lui, de modifier une lésion, qui, pour être insaisissable, n'en reste pas moins matériel, moléculaire.

---

[1] Bénédict, Augustin Morel, psychiatre français, né à Vienne (Autriche) en 1809 et mort à Rouen en 1873. Connu pour sa théorie de la dégénérescence

[2] Jacques-Joseph Moreau dit Jacques-Joseph Moreau de Tours, né le 3 juin 1804 à Montrésor, mort le 26 juin 1884 à Paris, est un médecin et psychiatre français.

[3] Wilhelm Griesinger, né le 29 juillet 1817 à Stuttgart, décédé le 26 octobre 1868 à Berlin, était un interniste et psychiatre wurtembergeois. Il fut l'élève de Johann Lukas Schönlein à l'université de Zurich et du physiologiste François Magendie à Paris.

[4]François Joseph Victor Broussais, né à Saint-Malo le 14 décembre 1772 et mort à Vitry-sur-Seine le 17 novembre 1838, est un médecin et chirurgien français de la Révolution et de l'Empire.

Émergence de la psychiatrie coloniale en Algérie.

Dès le début de la colonisation la psychiatrie a été associée à l'action de l'État dans le gouvernement des populations colonisées. Elle a ainsi participé à l'énonciation de normes, de leurs frontières pathologiques et des conditions de leur franchissement. Savoirs raciaux et psychiatriques ne cessent d'interférer en reportant les termes de l'altérité sur de nouveaux items (culture, ethnie, religion). Dans cet usage médical de la race, la psychiatrie occupe une position importante. La question de la pertinence d'une psychiatrie pour les esclaves, puis les affranchis et les colonisés, par définition exclus de la société et de la citoyenneté, se pose aux gouvernements nationaux comme coloniaux dans la deuxième moitié du XIXé siècle.

Il convient de rappeler qu'à la naissance de la psychiatrie française, la question de l'altérité est d'emblée posée au coeur des interrogations de l'aliénisme commençant : « Une question qui hante également une autre discipline, l'ethnologie, qui va opérer vers le milieu du XIXè siècle une rupture avec la tradition ancienne de l'anthropologie philosophique pour proposer un programme d'études différentielles des sociétés humaines dans le monde]…[Bientôt, avec la multiplication des voyages, la question de l'altérité de l'aliéné au sein de sa société va se doubler d'une autre question pour les aliénistes français : celle de la présence, ou non, d'aliénés au sein des sociétés extra-européennes. Un examen des collections des « annales médico-psychologiques » montre que la question retient l'attention dès la première livraison de la revue en janvier 1843 : Jacques Moreau (dit Moreau de Tour) y publie en effet ses « Recherches sur les aliénés en Orient » (AMP1, p.103-132). »[1]

La psychiatrie s'est développée à l'époque du colonialisme et de l'esclavage, lorsque les mythes du racisme étaient intégrés à la culture européenne. Darwin concevait la domination des races blanches comme un résultat naturel de l'évolution, et le « darwinisme social » organisait les races, comme les espèces animales, en une hiérarchie évolutive, la race blanche, incarnant la supériorité, se plaçait à son sommet. (Le mouvement eugéniste qui en résulta visait à améliorer la composition raciale de l'humanité par la manipulation de la reproduction inter-raciale, une idéologie amenée à sa conclusion logique par les nazis et réactualisée à notre époque sous la forme du « nettoyage ethnique »).

[1] René Collignon, « La psychiatrie coloniale française en Algérie et au Sénégal : esquisse d'une historisation comparative. » Éd. Armand Colin, « revue Tiers Monde », 2006/3 n°187/ p. 527à 546.

Moreau de Tours : psychiatre de la colonisation française.

Moreau de Tours débute ses études médicales à Tours, notamment dans le service de Bretonneau[1], et les poursuit à Paris, en 1826 comme interne dans le service d'Esquirol[2]. Nommé au concours de médecin des hospices de Paris, il entre à Bicêtre en 1840, et passe à la Salpêtrière en 1861, où il poursuivra ses activités jusqu'à sa mort en 1884. Parallèlement il est médecin adjoint de la maison de Santé Esquirol à Ivry et en devient le directeur avec Baillarger à la disparition de Mitivié, le successeur d'Esquirol. Il soutient sa thèse en 1830 sur « L'influence du physique relativement au désordre des facultés intellectuelles et en particulier dans cette variété de délire désignée par Esquirol sous le nom de monomanie ».

Pour Moreau de Tours, qui s'oppose en cela radicalement à François Leuret[3], son collègue de Bicêtre, la folie est une « affection nerveuse pure et simple ». Pour son collègue, les causes de la maladie mentale étaient inconnues et il était donc erroné de définir la maladie mentale de la même manière que la maladie somatique. Il définissait le délire comme une idée fixe possédant une cohésion interne, à laquelle il convenait d'appliquer un « traitement moral ».

---

[1] Pierre Fidèle Bretonneau, né à Saint-Georges-sur-Cher le 3 avril 1778 et mort à Paris 16è le 18 février 1862, est un célèbre clinicien français, professeur et médecin chef de l'hôpital de Tours.

[2] Jean-Étienne Dominique Esquirol, né le 3 février 1772 à Toulouse et mort le 12 décembre 1840 à Paris, est un aliéniste français. Il est considéré comme le père de l'organisation de la psychiatrie française en faisant voter la loi du 30 juin 1838 obligeant chaque département à se doter d'un hôpital spécialisé.

[3] Note 2 p.26.

C'est à l'occasion d'un voyage au Proche Orient, où il accompagne un malade à la demande de son maître Esquirol, que Moreau de Tours découvre le chanvre indien dont il pense qu'il peut être un moyen puissant, unique, d'exploration de pathogénie mentale.

« Sa thèse inaugurale indique déjà l'orientation de son œuvre psychiatrique, qui s'inscrira dans une perspective de plus en plus organogénétique. Dans son livre : « Du haschisch et de l'aliénation mentale », parue en 1845, il compare les troubles psychiques secondaires de l'intoxication cannabique à ceux que produit l'aliénation mentale. De la comparaison il glisse à l'analogie, puis à l'identité des deux états mentaux, ce qui le conduit à affirmer que toute psychose est d'origine organique. Le délire ne serait plus que le rêve de l'homme éveillé soumis à des influences toxiques, à des troubles cérébraux lésionnels. Lasègue[1] s'inscrivit en faux contre cette simplification outrancière, dès 1846, dans une analyse de l'ouvrage, et surtout dans son article sur « Le délire alcoolique qui est un rêve, et non pas un délire ». Mais cette confusion entre le domaine spécifique de la folie (la psychiatrie) et celui des troubles psychiques procédant d'une atteinte organique cérébrale (la neuropsychiatrie) trouve de nombreux partisans. Elle permet à un certain pouvoir médical de s'imposer dans un domaine d'où l'on peut chasser les philosophes et les psychologues. La méthode anatomo-clinique, les modèles nosologiques de la médecine somatique sont imposés à la psychiatrie, ainsi conduite dans une impasse.

Précisons que ces débats, à la naissance de la psychiatrie française, sont contemporains de la colonisation en Afrique

[1] Ernest Charles Lasègue, né le 5 septembre 1816 à Paris et mort le 20 mars 1883 dans la même ville dans le 1er arrondissement, est un médecin français. Médecin des Hôpitaux de Paris, il a marqué la psychiatrie française du XIXe siècle.

du nord, et qu'ils ne manquent pas d'influencer le regard porté sur les populations indigènes.

Dans son mémoire « Recherches sur les aliénés d'O-rient », Moreau de Tours insiste sur le rôle des mœurs religieuses des Orientaux dans le déclenchement de la maladie mentale et relativise les effets du climat et de l'intoxication par le haschich. Ces éléments à propos des Orientaux prolongent les délibérations qui ont lieu au sein de la Société médico-psychologique, en 1852. Les discussions qui ont lieu s'étalent sur près de quinze années.

Nous devons les replacer parmi un ensemble de controverses qui animent les sociétés savantes nouvellement fondées, et qui progressivement mettent en place un traité racial.

Ainsi, la question de l'incidence de la civilisation est à mettre en parallèle avec les débats qui ont lieu au même moment au sein de la Société ethnologique de Paris, créée en 1839 avec pour objet la « science des races ».

« De nombreux médecins y participent, dont certains sont également membres de la Société médico-psychologique]...[La conséquence de l'esclavage sur les capacités mentales et physiques des individus est également au cœur du débat parlementaire sur l'abolition de l'esclavage. Ces discussions empruntent abondamment à celles ayant cours au sein de la Société ethnologique.

Ainsi, en 1839, les parlementaires posent la question de l'influence de la civilisation sur la capacité à la liberté en se demandant si les Noirs créoles sont mieux préparés que les Africains. Les enjeux autour de l'abolition de l'esclavage aux États-Unis produisent le même type d'argumentaire lorsque, à partir des résultats (erronés) du recensement de la population en 1842, qui montrent une très forte morbidité psychiatrique parmi la population noire des États du Nord, des publications médicales y voient la conséquence de la liberté sur la santé mentale des Noirs, bien que les erreurs du recensement soient rapidement démontrées. L'idée que la liberté nuit à la santé mentale des Noirs reste ancrée parmi les médecins du Sud, à l'instar de Samuel A. Cartwright, qui, en 1851, invente la « drapetomania », maladie des esclaves marrons ne supportant pas l'état de liberté. »[1]

Dans « Recherches sur les aliénés en Orient », les représentations dominantes sur le Musulman qu'on retrouvera par la suite, y apparaissent et s'y affirment :

-La rareté relative de l'aliénation, connotant la tolérance du milieu à la maladie mentale.

-L'importance d'un climat uniformément chaud, source d'un engourdissement habituel des fonctions du système nerveux, d'une demi-hébétude des fonctions intellectuelles, de la torpeur des puissances actives de l'être moral. Nous trouvons ici la clé de la constitution morale, des habitudes, des mœurs, des institutions politiques et religieuses de ceux qui les habitent. Ainsi le fatalisme, conséquence directe du climat, protège de l'aliénation, mais, dans le même temps, rend compte de la nature insouciante et apathique des Orientaux, de leur penchant à la mollesse, de l'aversion insurmontable qu'ils éprouvent pour toute fatigue du corps ou de l'esprit.

-L'influence néfaste de la civilisation, source de désordres nerveux.

-La double polarité de la religion, à la fois protectrice par les interdits qu'elle édicte et cause d'aliénation par la posture qu'elle impose durant la prière: « De semblables exercices[...] doivent donner lieu à un raptus de sang vers le cerveau dont l'effet immédiat est de produire la stupeur, les convulsions, en même temps que l'imagination exaltée outre mesure est jetée hors de ses gonds et s'abandonne à un véritable délire maniaque momentané[…] La répétition de ces exercices amène tôt ou tard une sorte d'état chronique et

[1] Aurélia Michel, « Savoirs psychiatriques et ordre racial, entre collusions et conflits », in Histoire, médecine et santé, 20/2022, 9-26

de folie permanente. La désorganisation des facultés morales est rapide et la démence ne se fait pas attendre.»

Le Dr JM Begue (qui pense que le fonctionnement normal du cerveau de l'indigène est un fonctionnement pathologique),[1] indique dans son mémoire pour le CES de psychiatrie,[2] l'importance historique de ce texte, qui élabore une démarche type d'approche de l'individu: « description d'un tableau clinique ethnique: psychologie de l'Oriental, du Musulman, plus tard de l'Indigène algérien.

-Diagnostic étiologique: ici le climat, ailleurs la race, le système nerveux, le diencéphale, etc. »

Cette procédure médicale type va former la trame des travaux de la psychiatrie algérienne, avec une définition de la mentalité Orientale clairement tracée en miroir, en négatif, de l'Occidentale (jouissance du corps, fatalisme, hébétude, apathie, insouciance), on citera entre autres la thèse de Kocher[3], qui pour sa part introduit une double notion :

« -Celle de race inférieure, à travers l'hypothèse d'une soudure plus précoce que chez l'Européen (race supérieure) des structures crâniennes. Ici surgit un rapport entre l'infériorité du cerveau, prématurément comprimé, et celle de l'esprit, cependant qu'on y trouve aussi la clé de la puissance génésique surdéveloppée de l'Arabe qui, « s'il a de l'animal les instincts, en prend aussi les habitudes ».

-Celle de criminalité : l'Arabe est essentiellement voleur par habitude, par tempérament, parfois par besoin. On peut voir, dans le fort pourcentage de crimes de sang, peut-être une question de race. »

---

[1] Laoudj Mabrouk (psychologue) « De la psychiatrie coloniale en Algérie », elwatan.com, 30-11-2010.

[2] Jean Marie Bègue 1989. « Un siècle de psychiatrie en Algérie (1830 - 1939), mémoire pour le CES de psychiatrie, faculté de médecine Saint-Antoine, ronéo, 254p.+biblio.

[3] Adolphe Kocher, « De la criminalité chez les Arabes au point de vue de la pratique médico-judiciaire en Algérie », thèse de médecine, Lyon, n° 193. 1883-1884

En 1873, l'inspecteur général Constans[1], intervenant à la Société médicopsychologique mettra l'accent sur l'extrême dangerosité des aliénés arabes, qu'on est obligé de traiter « comme des bêtes féroces ». Ainsi, un cadre symptomatique venant corréler au niveau pathologique les caractères « normaux » de la personnalité musulmane est mis en place et que l'on retrouvera par la suite.[2]

S'appuyant sur un schéma évolutionniste, emprunté au darwinisme social (il retient la version fondée sur la lutte entre les races initiées par Vacher de Lapouge, note1p.30) et sur une typologie psychologique inspirée des travaux de Ribot,[3]le docteur Boigey, médecin militaire, dans « Étude psychologique sur l'Islam »[4] énonce des idées d'une violence haineuse et radicalement racistes, dans un Maghreb dont la pacification demeure inachevée en 1908.

« Les Occidentaux ont le plus travaillé, le plus produit, le plus lutté, le plus bâti, le plus orné, le plus perfectionné, le plus vécu. [...] On peut déterminer leur type psychologique en disant qu'il est « actif ». [...] Les populations islamiques n'ont au contraire jamais produit aucun travail extraordinaire, bâti aucune capitale, construit aucune flotte, étudié à fond aucun endroit de la terre. [...] L'islam résulte d'un ensemble d'instincts arrêtés dans leur expression naturelle par l'œuvre d'un imposteur génial qui est Mahomet.

---

[1] Constans. 1873. « Discussion de la communication d'A. Voisin sur les aliénés en Algérie », AMP, IX, p.492.

[2]Robert Berthelier. 1970. » Tentative d'approche socioculturelle de la psychopathologie nord-africaine » psychopathologie africaine, n° 2.

[3] Théodule Armand Ferdinand Constant Ribot, né à Guingamp, le 18 décembre 1839 et mort à Paris (5ème) le 9 décembre 1916, est un philosophe et professeur au Collège de France. Il est généralement considéré comme le fondateur de la psychologie comme science autonome en France. Il crée, en 1876 la Revue philosophique dont il devient directeur. « La psychologie des sentiments », édit. Alcan, Paris, 1896. p.378-379.

[4] Boigey. « Étude psychologique sur l'islam », AMP, 9é série, t.VIII, octobre 1907.

[…] On détermine le type psychologique de l'Islam en disant qu'il est « inactif ».

« Dès lors, le Musulman est « une silhouette médiocre du prophète ». C'est un homme incapable de naviguer, mais qui sait se servir de marins non musulmans. […] C'est un homme incapable de devenir un musicien de mérite.[…] C'est un homme qui ignore la mécanique, les arts, l'astronomie, les mathématiques, car Mahomet les ignorait […] C'est un homme qui ne peut subsister que dans des régions exceptionnellement chaudes et fertiles où le travail manuel, indispensable pour assurer la subsistance des hommes, soit réduit à un minimum. […] »[1]

« En définitive, le processus colonial a généré une représentation de l'indigène nord-africain, ni neutre, ni innocente, mais au contraire idéologiquement marquée, qu'on voit se dessiner peu à peu, à travers l'apparition de substantifs et de qualificatifs (dangerosité, férocité, dégénérescence, paresse, fatalisme, infériorité intellectuelle, perversions génétiques, impulsivité criminelle, pathogénicité de la religion…) que Boigey ne fait somme toute que reprendre, recollecter et ordonner d'une manière sans doute peu soutenable mais qui, à bien y regarder de près, n'a rien d'originale et ne fait que cristalliser un certain nombre de courants, à l'œuvre dès 1843, qui, corrélés à sa situation personnelle, éclairent en partie la genèse d'un article qui fait figure de pamphlet. »[2]

L'article de Boigey est en rupture avec les textes qui le précèdent et le suivent consacrés à l'aliénation mentale chez les indigènes musulmans (ceux de Livet et Levet)[3] car il

---

[1] Robert Berthelier, op.cit.p132.

[2] Ibidem. P. 133.

[3] Tous deux se réfèrent dans leurs écrits à l'article que Boigey rédige sur l'assistance hospitalière en pays musulman, publié un an avant « l'étude psychologique sur l'Islam ». « L'assistance hospitalière en pays musulman », La Presse Médicale, n°76, samedi 21 septembre, 1907,p.609-611.

vise à légitimer l'occupation de la ville d'Oujda (Maroc) et les représailles menées contre les Beni-Snassen, là où les autres cherchent, soit à affirmer ou infirmer une théorie, soit à démontrer, du moins pour ce qui concerne les aliénistes d'Aix-en-Provence, la nécessité d'une assistance psychiatrique en Algérie. Toutefois on ne peut s'empêcher de penser que ces aberrantes descriptions sont caractéristiques d'un esprit dérangé par les exactions auxquelles il prête main-forte et qu'elles sont projectives. (En psychologie, la projection consiste chez un sujet à transporter un élément de son espace psychique interne dans un monde qui lui est extérieur : un objet ou une personne).

N'écrit-il pas : « L'"islam, ne porte pas en lui la justification de son existence, parce qu'il est destructeur. » (exemple d'argument que l'on retrouve encore aujourd'hui chez certains auteurs). « Il ne crée ni ne produit, donc, il ne pourrait subsister s'il ne vivait en parasite au détriment des groupements humains qui travaillent. » Il se glorifie d'exemples dont celui d'Averroès[1] et d'Avicenne[2]. Il soutient que l'un et l'autre étaient des chrétiens espagnols convertis à l'islam et que leurs découvertes en médecine ne sauraient être attribuées aux déséquilibrés de l'islam. Hélas, Avicenne n'était pas Espagnol, mais Perse, quant à Averroès, s'il est né à Cordoue en Espagne, sa famille, tout comme celle d'Avicenne, était musulmane depuis des générations. Son aversion pour l'Islam a de qui tenir, et l'on ne peut s'interdire de citer Voltaire pour qui Mahomet est un imposteur : « le

---

[1]Ibn Rochd de Cordoue (en arabe : ابن رشد, *Ibn Rushd*), plus connu en Occident sous son nom latinisé d'Averroès, est un philosophe, théologien, juriste et médecin musulman andalou du XIIe siècle, de langue arabe né le 14 avril 1126 à Cordoue en Andalousie et mort le 10 décembre 1198 à Marrakech au Maroc.

[2] Ibn Sina (en persan : ابن سینا), aussi connu en Occident sous le nom d'Avicenne (du latin médiéval Avicenna), est un philosophe et né le 7 août 980 près de Boukhara, dans l'actuel Ouzbékistan et mort en juin 1037 à Hamadan (Iran)

seul musulman à ne pas croire vraiment puisqu'il aurait su son imposture. »[1]

« Le texte de Boigey tomberait dans l'oubli tant il s'est situé en marge des travaux des aliénistes métropolitains ; loin s'en faut. Les présupposés et la visée politique de ce discours resurgiront dans les publications des psychiatres de l'École de psychiatrie d'Alger. »[2] Citons Henri Aubin[3] qui, à l'article « Indigènes nord-africains » du « Manuel alphabétique de psychiatrie », écrit : « par manque de curiosité intellectuelle, la crédulité et la suggestibilité atteignent un degré très élevé [...] le même fatalisme aggrave l'inappétence native des non civilisés pour le travail, leurs caprices, leur impulsivité [...] on peut inférer que la mentalité des primitifs est surtout le reflet de son diencéphale, alors que la civilisation se mesure à l'affranchissement de ce domaine, à l'utilisation croissante du cerveau antérieur (télencéphalisation des processus psychiques). »

---

[1] François marie Arouet dit Voltaire, « Essai sur les mœurs et l'esprit des nations et sur les principaux faits de l'histoire depuis Charlemagne jusqu'à Louis XIII », paris, Bordas, 2 vol., 1990.

[2] Saïd Boumghar. Lundi 25 juillet 2022. http://www.lequotidien-oran.com/index.php?news=5313947

[3] Aubin Henri, « Psychopathologie de l'indigène algérien », dans A.Porot (dir.publ.), Manuel alphabétique de psychiatrie, Paris, PUF, 2e édition.

L'asile d'Aix-en-Provence.

L'Algérie étant dépourvue d'hôpital psychiatrique, les autorités d'Alger, Oran et Constantine, signent à partir de 1852 des traités avec l'asile d'Aix-en-Provence pour que leurs malades y soient accueillis. Ces contrats seront dénoncés une trentaine d'années plus tard par l'administration oranaise et constantinoise, seuls des Algérois continueront d'être admis à l'asile d'Aix jusqu'à la construction dans les années trente de celui de Blida-Joinville.

« L'apparition d'une structure aixoise, destinée aux malades mentaux, remonte à la création, en 1691, d'une « maison des insensés », près du couvent des Bénédictines. Sept ans plus tard, un terrain est acheté au quartier Bellegarde, pour édifier l'hôpital de la Trinité, un nouvel établissement. Bien qu'érigé dès 1859, en asile public d'aliénés, c'est une sinistre « renfermerie » surencombrée avec ses cellules, semblables à des cachots [...] Ce domaine est vite baptisé, par les Aixois, Montperrin, en raison de la présence d'une butte sur laquelle se situe le logement de l'ancien propriétaire, le sieur Perrin. [1] »

Le transfert des malades d'Alger à Aix est un épouvantable périple. En premier lieu, les personnes sont conduites à l'hôpital Mustapha, (L'origine de l'institution est un legs d'un riche colon nommé Fortin, originaire d'Ivry, à la ville d'Alger : par testament du 19 septembre 1840, il fait don d'une somme de 1.200.000 francs pour l'érection d'un hôpital civil à Mustapha) qui est à ses débuts, en 1854, un hôpital de type militaire. Cet établissement se constitue de baraquements, sur un terrain de 8 hectares, où les personnes

---

[1] Christiane Derobert-Rate, « Des juifs oubliés : les patients des asiles d'Aix-en-Provence (1842-1943). L'Écho des Carrières, n° 67, 2012.

atteintes de troubles mentaux sont regroupées dans les plus mauvaises cellules de l'hôpital. Les conditions d'hébergement sont décrites en 1873 par le docteur Auguste Voisin (1829-1898) : « Qu'on se figure un long couloir, sur lequel s'ouvrent des cellules étroites, recevant le jour par un petit vasistas. Cela ressemble à une prison plutôt qu'à un quartier de malades. Il y a là de 20 à 25 aliénés, tant hommes que femmes, sans aucune séparation entre les tranquilles et les agités. Ceux dont l'agitation est extrême sont attachés et fixés sur un lit, jour et nuit, jusqu'à ce qu'on les transporte à l'asile d'Aix . »[1]

S'ensuit la traversée de la Méditerranée : « les malades subissent leur traversée sans le moindre soin, abandonnés sur le pont ou à fond de cale lorsque leurs manifestations délirantes sont trop gênantes, presque toujours sans vêtements ou à peine couverts. Un de ces malheureux, surpris par le froid, mourut en route, tandis que son camarade, presque gelé à son arrivée, ne put être qu'à grand-peine rappelé à la vie », confie le docteur Dauby, médecin directeur de Montperrin dans son rapport pour l'année 1882.

Arrivés à destination, ces malheureux offrent un spectacle pitoyable que décrit le docteur Gervais dans sa thèse soutenue en 1907 : « c'est un bien triste voyage que le transport d'un aliéné de l'hôpital d'Alger à l'asile d'Aix… Agité ou abattu, maniaque ou mélancolique, tout aliéné est enfermé dans une cage étroite, une espèce de soute près des machines ; à la plus légère tendance à l'excitation, on le camisole… Ce voyage a souvent une durée de trente-six heures, et même plus par mauvaise mer ; on devine alors, sans peine, le traitement infligé à ces pauvres déments, quand ils tentent de briser leurs liens et de déchirer leur camisole… Appelés par nos fonctions, à assister à l'arrivée de ces aliénés à Aix, nous avons été frappés de l'état de dénue-

[1] A.Linas, « Les aliénés en Algérie », annales médico-psychologiques 1873, n°9,p.491.

ment extrême dans lequel ils entrent dans nos services . Ils sont tous, ou presque tous, couverts de vêtements sordides, liés et parfois garrottés comme des bêtes malfaisantes, pleins de poux, les femmes sont pieds nus, en hiver comme en été. Des infirmiers cupides de l'hôpital d'Alger n'hésitent pas à soustraire à ces malheureux leur chevelure qu'ils coupent sans pitié quand elle est belle et touffue. »

Aix-en-Provence pour les malheureux « déportés » est traumatisant. Ils se retrouvent dans un monde inconnu, souvent ignorant la langue et subissant un règlement rigoureux. Ils sont contraints à des rituels catholiques et, jusqu'en 1905, des crucifix ornent les salles de Montperrin, où les prières sont dites à haute voix du lever au coucher : « Mais ce n'est pas tout, et d'autres mécomptes attendent notre malade : c'est ainsi qu'il attendra plusieurs jours avant de s'habituer à la nourriture qu'on lui présente… Pas un vestige de sa religion… Autour de lui des figures, un langage qu'il ne connaît pas ; pas un gardien parlant l'arabe ; s'il a quelques idées à exprimer, à qui les confier ; à qui s'adresser s'il a quelque réclamation à faire, de visites de parents, d'amis, de coreligionnaires, il ne saurait en être question à des milliers de lieues… Si encore le médecin de l'asile pouvait gagner sa confiance et lui apporter quelque parole de consolation ; mais, là encore, il se heurte à la différence des langues, et, incompris, isolé, il s'abandonne sans mesure à ses divagations délirantes… Dès lors, agissent sur lui toutes les influences débilitantes contre lesquelles son organisme, affaibli déjà par la maladie mentale, sera bientôt incapable de réagir ; et, pour ne parler que du climat, il est certain qu'il fait, parmi nos Algériens, de nombreuses victimes », note le docteur Meilhon.[1]

Ces conditions intolérables d'hospitalisation soulevèrent l'indignation de certains aliénistes d'Aix-en-Provence qui

---

[1] Meilhon. « L'aliénation mentale chez les Arabes », AMP, 8è série, t. I et II janvier novembre, 1896.

réclamèrent le maintien de ces aliénés sur le sol algérien, « comme nécessaire au bon renom de la France parmi les indigènes, et les attachera davantage à la Mère-Patrie ».[1]

Mais beaucoup de ces patients constituent une main-d'oeuvre bon marché qu'on emploie dix heures par jour aux cuisines, aux réfectoires, à la buanderie, dans les ateliers de cordonnerie, menuiserie, serrurerie, à des travaux de tricot, de couture, de repassage, d'entretien, de jardinage, de plantation, de soins au bétail (l'asile disposant d'une ferme avec étable, porcherie, écurie et poulailler), de terrassement, de construction (élévation du grand mur d'enceinte) et de rénovation. Les internés d'Algérie apparaissent donc comme une source de profits pour Montperrin et son tarissement tardif comme un important manque à gagner.

[1] Meilhon, « Études de nosologie comparée », AMP, 1896, n°4, p. 361.

La psychiatrie coloniale : Antoine Porot.

Antoine Porot est un psychiatre français, né le 20 mai 1876 à Chalon-sur-Saône et mort le 22 février 1965 à Ris-Orangis. Il est le fondateur de l' École psychiatrique d'Alger et de la théorie raciste du primitivisme.

Comme l'avons vu dans le chapitre précédent, la politique de l'administration coloniale du point de vue de la prise en charge de la population indigène en matière de santé se voulait minimale. Elle se résumait à une politique de gestion des races par les administrateurs coloniaux. Ceux-ci appliquaient avec rigueur un ordre public raciste en direction des indigènes aliénés.

Se posa au début du XXè siècle le débat sur les question de « santé » des populations non blanches au regard des progrès de la médecine. Et dans cette configuration il s'agit d'examiner la fameuse « École psychiatrique d'Alger » d'Antoine Porot et sa théorie raciste du primitivisme.

C'est à l'occasion du 22e congrès des aliénistes et neurologistes de langue française en 1912 qu'il crée le premier service de psychiatrie à Tunis. Il quitte le protectorat tunisien pour une nomination, en 1916, comme médecin-chef du Centre neurologique de la 197è région militaire à Alger où il exerce comme professeur agrégé de neuropsychiatrie à la faculté de médecine d'Alger. Fondateur de l'école psychiatrique d'Alger, il contribue à la construction de l'hôpital Blida-Joinville.[1]

[1] Les origines de l'établissement se trouvent dans les suites données au Congrès des aliénistes et neurologistes de France qui s'est tenu à Tunis, en 1912, puis, dans un second temps, aux démarches entreprises par Antoine Porot. L'organisation de « l'assistance psychiatrique » sur le territoire de la colonie doit en particulier permettre le traitement en Algérie même des cas psychiatriques jusqu'alors envoyés en métropole.

À partir de 1916-1917 il oriente ses recherches sur les pathologies mentales de « l'indigène nord-africain ». Partisan des thèses évolutionnistes, de la classification de Darwin sur l'origine simiesque de l'homme, il est un défenseur acharné de la théorie du primitivisme dans l'histoire de la psychiatrie coloniale au Maghreb. Il place « l'indigène nord-africain », (privé de lobe préfrontal, dépourvu de morale, d'intelligence abstraite et de personnalité) à mi-chemin entre l'homme primitif et l'Occidental évolué.

« L'importante contribution militaire demandée à l'Afrique du Nord, les levées de classes entières, par appel, nous ont mis en présence de la véritable masse indigène, bloc informe de primitifs profondément ignorants et crédules pour la plupart, très éloignés de notre mentalité et de nos réactions et que n'avaient jamais pénétré le moindre de nos soucis moraux, ni la plus élémentaire de nos préoccupations sociales, économiques et politiques. D'un coup, nous avons pu mesurer toute la résistance morale de certaines âmes simples, la force puissante de certains instincts primitifs comme aussi la misère de certaines indigences mentales et les déviations imprimées par la crédulité et la suggestibilité. Fixer, même à grands traits, la psychologie de l'indigène musulman est malaisé, tant il y a de mobilité et de contradiction dans cette mentalité développée dans un plan si différent du nôtre et que régissent à la fois les instincts les plus rudimentaires et une sorte de métaphysique religieuse et fataliste qui pénètre tous les actes de la vie individuelle et collective. »[1]

En collaboration avec l'un de ses élèves, Jean Sutter,[2] il justifie la réticence du colonisateur à confier une responsabilité à l'indigène par des considérations que l'on peut au-

---

[1] Antoine Porot, « Notes de psychiatrie musulmane », AMP, 10e série, mai 1918. p. 377-384.

[2] Antoine Porot, Jean Sutter, « Le primitivisme chez l'indigène algérien », AMP, 1958.

jourd'hui qualifier de délirantes : « l'Algérien n'a pas de cortex ou, pour être plus précis, la domination, comme chez les vertébrés inférieurs, est diencéphalique. Les fonctions corticales, si elles existent, sont très fragiles, pratiquement non intégrées dans la dynamique de l'existence. »

Ainsi, cette réticence, ce refus ne sont ni du racisme ni du paternalisme mais tout simplement « une appréciation scientifique des possibilités biologiquement limitées du colonisé. »

Toute cette argumentation reprend des idées présentes chez Moreau de Tours, Furnari[1], Meilhon, Kocher ou Boigey, s'inscrivant ainsi dans leur continuité, tout en y introduisant ces cadres nouveaux et « modernes » que sont la débilité mentale et le puérilisme. Elle va être reprise en 1932, dans « l'impulsivité criminelle chez l'indigène algérien, ses facteurs », article cosigné par Porot et Arrii, à partir de la thèse de ce dernier. (Robert Berthelier, op.cit. p.134).

Ce texte met en évidence « les éléments psychiques d'ordre constitutionnel » qui spécifient l'Indigène nord-africain :

-Débilité mentale.

-Crédulité et suggestibilité.

-Persévération. Entêtement. Rancune et esprit de vengeance.

-Faiblesse de la vie affective et morale.

Dès lors la position algéroise est fixée et jusqu'aux années 1950 elle sera pratiquement seule à s'exprimer sur le sujet. Elle opère une véritable confiscation du savoir en s'appuyant sur l'autorité d'un universitaire de renom. (Le

[1] Xavier Furnari, « Voyage médical dans l'Afrique septentrionale ou de l'ophtalmologie considérée dans ses rapports avec les différentes races... suivi d'une appréciation analytique de la médecine chez les Arabes », J.B. Baillière, Paris, 1845.

recensement des thèses de psychiatrie parues en France du début du XIXè siècle à 1954 montre que les seuls travaux concernant les Nord-Africains musulmans ont été l'œuvre des psychiatres coloniaux et de leurs élèves.)[1] En 1935, au 39e congrès des aliénistes et neurologistes de langue française à Bruxelles, Antoine Porot (alors titulaire de la chaire de psychiatrie à Alger, quand il n'y en avait que trois ou quatre en France), intervenant à la suite du grand rapport du professeur van Bogaert sur « l'hystérie et les fonctions diencéphaliques », va lui donner le soubassement scientifique indiscutable qui lui manquait jusqu'alors : « [...] je me rallie entièrement à l'interprétation du rapporteur sur les phénomènes hystériques : la libération des activités supérieures au profit d'activités plus primitives. J'en vois une preuve et une démonstration dans le caractère des manifestations pithiatiques (agitation) chez les indigènes d'Afrique du Nord [...] L'indigène, gros débile mental, dont les activités supérieures et corticales sont peu évoluées, est surtout un être primitif dont la vie, essentiellement végétative et instinctive, est surtout réglée par son diencéphale (cerveau primaire). Le moindre choc psychique se traduit surtout par des démonstrations de type diencéphalique beaucoup plus que par des réactions psychomotrices et différenciées ». On le comprend, ces généralités exprimées lors d'un congrès scientifique international sont d'autant plus inquiétantes pour l'Indigène ainsi catalogué qu'elles sont contemporaines de la récente exposition coloniale.[2]

« Le primitivisme des indigènes nord-africain », publié en 1939 avec Sutter (cité précédemment), va assoir défini-

---

[1] Index général des thèses de psychiatrie parues en France du début du XIXè à 1934 d'après le recensement fait par Arnaud Terrisse (Sorbonne 1982), édit. Specia, 1985 et Index général des thèses de psychiatrie publiées en langue française de 1934 à 1954, édit. Specia, 1988.

[2] L'Exposition coloniale internationale s'est tenue à Paris du 6 mai au 15 novembre 1931, à la porte Dorée et sur le site du bois de Vincennes

tivement l'entreprise par une conception anthropologique de l'homme musulman : « Le primitivisme n'est pas un manque de maturité, un arrêt marqué dans le développement du psychisme individuel. Il est une condition sociale parvenue au terme de son évolution et adaptée de façon logique à une vie différente de la nôtre ». Ce primitivisme constitutionnel rend compte des insuffisances de l'indigène et justifie du même coup l'appropriation du pouvoir par l'Européen : « Il semble que l'indigène ne puisse s'évader sans risque du primitivisme auquel le destinent sa race, son hérédité, sa constitution psychique : la transplantation l'oblige à adopter une façon de vivre et de penser différente de celle qui forme malgré tout la base de sa vie intellectuelle et qui se superpose à elle pour ainsi dire en porte-à-faux ; tôt ou tard se produit une rupture d'équilibre souvent irréparable [...] par là [...] s'explique sans doute l'esprit de revendication qui se manifeste trop souvent chez des sujets qui ont demandé à l'instruction une place sociale que leurs « facultés adaptatives » héréditaires ne leur permettent pas toujours de tenir de façon satisfaisante. »

« Après l'indépendance de l'Algérie, l'École d'Alger va connaître un second souffle en métropole, certes plus discret, mais cette fois plus institutionnel. En effet, dès leur retour en France, Antoine Porot et ses élèves, tous anciens de l'Algérie française, vont conquérir au milieu des années 1960 plusieurs chaires de psychiatrie en France et largement diffuser, par cet intermédiaire, les thèses « culturalistes » et « raciales » de L'École d'Alger »[1]

Une telle longévité doit être soulignée et ne peut se comprendre que par un éclairage historique. Écrite quatre-vingts

[1] Rechtman Richard, « La psychiatrie à l'épreuve de l'altérité. Perspectives historiques et enjeux actuels », in Didier Fassin (dir), « Les nouvelles frontières de la société française », éd. La Découverte, 2010, p.101-127

ans après la conquête de l'Algérie, la théorisation de l'école d'Alger justifie a posteriori le rapport de forces né de la colonisation et sa pérennisation ; ce faisant, elle s'inscrit dans le droit fil des sciences officielles, dont le but ultime est d'être la bonne conscience du colonialisme. La psychiatrie, ici, n'est qu'un des éléments de l'ensemble, et le psychiatre un représentant parmi d'autres de la société coloniale.

En méconnaissant la réalité d'une culture d'emblée déniée et en taisant un fait colonial dont ils sont partie prenante, les psychiatres algérois ont apporté leur contribution à une imagerie officielle qui, donnant de la société musulmane une représentation figée, en quelque sorte intemporelle, se justifie à ses propres yeux comme au regard d'autrui. Pour avoir posé d'emblée que le colonisé n'est qu'un débile incapable d'initiative, un être inférieur quelque part à mi-chemin de l'anthropoïde et de l'homme, Porot a fourni au colonisateur sa justification et sa fin, et a défini l'Algérie comme un gigantesque institut médico-pédagogique, devenant du même coup l'alibi scientifique et moral de la colonisation. Incarnation du Progrès, du Bien, de la Morale, la société coloniale peut dès lors avoir bonne conscience, tout comme le psychiatre . Qu'il apparaisse du même coup comme l'une des cautions d'un ordre social caricaturalement fondé sur une relation « dominant dominé » importe en réalité peu, car il en est partie prenante. Il est d'ailleurs probable qu'aucune formulation n'était possible dans le contexte de l'Algérie coloniale : les psychiatres algérois, issus de cette société au nom de laquelle ils témoignent, et porte-parole de son idéologie, ne pouvaient guère, semble-t-il, élaborer une œuvre différente car participant d'une problématique qu'ils avaient contribué à créer et à maintenir, il leur était sans doute impossible de prendre le moindre recul à son égard. La société coloniale, par définition figée, ne pouvait en tout état de cause pas tolérer un autre discours. (Robert Berthelier). Reste la question, tout de même, que l'on ne manque pas de se poser. Comment des médecins ont-ils pu accepter de porter crédit au discours colonial ? Aucun examen critique, répétant durant cinquante ans les mêmes idées sur un groupe social au milieu duquel ils vivaient. Et Antoine Porot qui, jusqu'en 1959, écrivait que la guerre d'Algérie n'avait aucun retentissement psychique sur la population.

Les hospitalisations d'internés et de détenus politiques pendant la guerre d'indépendance algérienne.

Au premier abord l'hospitalisation psychiatrique d'individus considérés comme politiquement dangereux semble surprenante. Il convient de souligner que ces mesures sont loin d'être systématiques, car nombre de malades mentaux restent dans les institutions pénitentiaires où leur prise en charge s'y avère rudimentaire, voire inexistante. Les centres de Tefeschoun et de Paul Cazelles fournissent la majorité des malades. En Algérie, le gouvernement général et les préfectures en contrôlent une partie, ceux désignés par la litote « centres d'hébergement », tandis que l'armée gère des centres de détention assimilables, juridiquement, à des lieux d'internement ; entre 1954 et 1962, la République renoue ainsi avec la « logique d'exception qui caractérise son recours à l'internement administratif.

On se rappelle les protestations de Paul Teitgen[1] en ce qui concerne les mauvais traitements infligés aux internés. Dans la plupart des prisons les malades cohabitent avec les autres détenus, à l'exception de celle d'Alger, qui se dote à partir de la fin de l'année 1959 d'un espace distinct pour les recevoir. Les médecins de ces structures font usage (ou essais dès les années 1950) de neuroleptiques (la chlorpromazine, commercialisée sous le nom de Largactil, a été

[1] Paul Teitgen, né le 6 février 1919, à Colombe-lès-Vesoul et mort le 13 octobre 1991 à Saint-Cloud, résistant dès 1940 et déporté d'abord au camp du Struthof en Alsace puis à Dachau, pendant la Seconde Guerre mondiale, est secrétaire général de la préfecture d'Alger, chargé de la police générale pendant la guerre d'Algérie, entre août 1956 et septembre 1957.

découverte en France par Henri Laborit qui travaillait sur l'anesthésie) et d'électrochocs.

Les individus transférés à l'HPB (hôpital Blida-Joinville) depuis les prisons sont porteurs d'expériences variables et souvent difficiles. Comme les autres détenus ils ont dû faire face aux problèmes d'encombrement mais aussi d'hygiène, liés à des pénuries d'eau, d'irrégularité des soins médicaux ou encore d'accès limités aux parloirs. L'entretien médical mené au moment de leur entrée à l'hôpital psychiatrique est aussi l'occasion pour plusieurs d'entre eux de témoigner des tortures et sévices corporels qu'ils ont subis au moment de leur arrestation. L'examen corporel révèle la présence de cicatrices ou de traces de brûlures sur les corps de certains d'entre eux, confirmant la pratique régulière de telles exactions. Une fois admis, en dehors du personnel soignant, ils sont soumis à la surveillance d'unités territoriales,[1] aidés des murs d'enceinte et des barreaux aux fenêtres.

Si la dimension pathogène des mesures d'enfermement est régulièrement invoquée dans les dossiers médicaux des internés et prisonniers politiques, elle ne fait l'objet d'aucune publication médicale entre 1954 et 1962. À la différence de la première guerre mondiale et de la seconde, le nombre de contributions scientifiques consacrées aux effets psychologiques du conflit sur les populations civiles et militaires demeure très limité pendant la guerre d' indépendance algérienne, pudiquement appelée par les autorités politiques françaises « les événements d'Algérie ». Parmi ces rares parutions figurent les deux articles publiés par Maurice Porot dans les « annales médico-psychologiques » en novembre 1956 et avril 1958. « D'emblée, le fils d'Antoine Porot s'empresse de réaffirmer un lieu commun de la littérature psychiatrique, régulièrement repris depuis le conflit

---

[1] Formation de réservistes de l'armée française engagées dans la surveillance du territoire. Le poste de l'HPB est actif entre 1958 et 1961.

franco-prussien de 1870-1871, au sujet de l'absence d'incidence des circonstances de guerre sur la fréquence des désordres mentaux des populations concernées : « Nous avons nous-mêmes été frappés par le fait que les événements dramatiques qui bouleversent l'Algérie depuis le mois de novembre 1954 n'ont pas eu [...] les conséquences que l'opinion publique redoutait quant à l'augmentation des troubles mentaux dans la population », écrit ainsi le psychiatre algérois en ouverture de la première de ses deux contributions (Porot, 1956, p.622). Loin de faire écho aux observations dressées par les médecins de l'HPB, Maurice Porot insiste dans la suite du texte sur la rareté des « psychoses réactionnelles authentiques », identifiant en revanche plusieurs cas qu'il désigne comme « trompeurs », (Porot, 1956, p.636). Quelle que soit la façon dont le médecin qualifie les situations mentionnées au gré de ses deux articles, aucune d'entre elles ne renvoie aux pratiques carcérales et répressives des autorités françaises.[1]

Les convictions de Maurice Porot, partisan de l'Algérie française, incriminent l'atmosphère de « terrorisation massive » instaurée par ceux qu'il qualifie de « rebelles », les indépendantistes algériens, comme responsables des troubles réactionnels qui touchent essentiellement les patients aisés, principalement européens, de la clinique privée auprès desquels il exerce. Rien sur la population « indigène ».

[1] Paul Marquis, Du camp à l'asile : « Les hospitalisations psychiatriques d'internés et de détenus politiques pendant la guerre d'indépendance algérienne ». L'année du Maghreb. Dossier : L'inévitable prison, p. 179-194.

Franz Fanon : la passion de l'antiracisme.

Né en 1925 dans une famille de petite bourgeoisie aisée, il passe son enfance et son adolescence à Fort-de-France. Il y rencontre Aimé Césaire, poète, militant anticolonialiste et l'un des fondateurs du mouvement de la négritude. Il étudie la médecine à Lyon, tout en fréquentant la faculté des lettres et s'intéresse de plus en plus à la psychiatrie. Ses premières réflexions dénoncent le traitement méprisant et haineux des Noirs par les Blancs, qu'il a vécu au quotidien : « ...Et puis il nous fut donné d'affronter le regard blanc... Tiens, un nègre ! C'était vrai. Je m'amusai. Tiens, un nègre ! Le cercle peu à peu se resserrait. Je m'amusai ouvertement. Maman, regarde le nègre, j'ai peur ! peur ! peur ! Voilà qu'on se mettait à me craindre. Je voulus m'amuser jusqu'à m'étouffer, mais cela m'était devenu impossible. Je ne pouvais plus, car je savais déjà qu'existaient des légendes, des histoires, l'histoire. » Fanon refuse d'être réduit à cet être noir, il désire simplement être un homme : « Je promenai sur moi un regard objectif, découvris ma noirceur, mes caractères ethniques – et me défoncèrent le tympan, l'anthropophagie, l'arriération mentale, le fétichisme, les tares raciales, les négriers, et surtout, et surtout : « Y a bon banania »... qu'était-ce pour moi, sinon un décollement, un arrachement, une hémorragie qui caillait du sang noir sur tout mon corps ? »[1]

Franz Fanon a été psychiatre chef de l'Hôpital de Blida-Joinvile entre 1953 et 1956, date à laquelle il démissionne, expliquant dans une lettre envoyée au ministre Résident, ne pas pouvoir réaliser son travail clinique face à la terrible dépersonnalisation provoquée chez tous ses patients par la violence (réelle et symbolique) pratiquée structurellement par la condition coloniale. Du fait de la non-reconnaissance

---

[1] Franz Fanon, « Peau noire, Masques blancs », édit. Du Seuil, 1952.

du sujet produit par l'ordre colonial, la pratique psychiatrique devient totalement impossible. Fanon est expulsé d'Algérie sur-le-champ et va s'installer en Tunisie. Son ouvrage « Peau noire, masques blancs » qui aurait dû constituer sa thèse de doctorat et qui décrit son expérience d'homme noir plongé dans un monde blanc aux prises avec une entreprise de déculturation (ou d'assimilation forcée) le porte à entrer en résonance avec la cause de l'indépendance algérienne. Son premier écrit consacré au « syndrome nord-africain paraît d'abord dans la revue Esprit où il stigmatise l'attitude du corps médical français devant le sujet migrant. Il pointe le poids des stéréotypes, des idées reçues des travaux de l'école d'Alger. Fanon se pose dans l'histoire de la psychiatrie algérienne comme l'antithèse d'Antoine Porot. À la violence institutionnelle du colonialisme, il oppose la lutte pour la libération.

Il soutient une position claire en définissant les conditions d'existence de la clinique psychiatrique. Le patient doit être reconnu en tant que sujet. La dépersonnalisation des patients, provoquée par la servitude coloniale et raciale empêcherait la réalisation de l'expérience psychanalytique dans les registres du réel et du symbolique. Ce n'est donc que par la suppression de la cruauté des pratiques exercées par le colonisateur sur le colonisé, dans les registres de la race et de l'ethnie, que l'expérience éthique et politique de la reconnaissance peut avoir lieu.

« Étudiant sur le plan psychanalytique le cas d'un malade nègre qui rêve qu'il devient blanc, il conclut que ce rêve réalise un désir inconscient, dont on doit libérer le malade pour lui éviter une dissolution de sa structure psychique ; mais il ajoute aussitôt que « si ce nègre se trouve à ce point submergé par le désir d'être blanc, c'est qu'il vit dans une société qui rend possible son complexe d'infériorité, dans une société qui tire sa consistance du maintien de ce complexe, dans une société qui affirme la supériorité d'une race ; c'est dans l'exacte mesure où cette société lui fait des difficultés, qu'il se trouve placé dans une situation névrotique. Ce qui apparaît alors, c'est la nécessité d'une action couplée sur l'individu et sur le groupe. En tant que psychanalyste, je dois aider mon client à « consciensiser » son inconscient, à ne plus tenter une lactification (ressembler au blanc, agir d'une manière qui est perçue comme propre à eux) hallucinatoire, mais bien à agir dans le sens d'un changement des structures sociales ».[1]

Fanon, dans « Les damnés de la terre » attribue au racisme une position stratégique dans la modernité, dans la mesure où la question de la race occupe une place cruciale dans le système de domination moderne. « Quelles sont-elles, en vérité, ces créatures, qui se dissimulent, qui sont dissimulées par la vérité sociale, sous les attributs de *bicot, bounioule, arabe, sidi, mon z'ami ?* »[2]

Citons Michel Foucault : « L'hypothèse de Marx sur la lutte des classes, dérive de la thèse initiale d'historiens français de l'Ancien Régime qui parlait de « lutte de race ».[3]

---

[1] Ibidem.

[2] Frantz Fanon, « Le « syndrome nord-africain », revue esprit, février 1952.

[3] Michel Foucault, « Il faut défendre la société » (1976), Paris, Gallimard/le Seuil, 1997.

La révolte de Franz fanon.

L'interprétation faite par l'école d'Alger, systématisée par le professeur Porot depuis les années trente, affirme que les Africains du Maghreb seraient des êtres biologiquement inférieurs, car ces populations seraient morphologiquement marquées par une régression du cortex cérébral, dans la direction du diencéphale. Selon cette vision, les Arabes sont inscrits dans l'ordre animal et auraient perdu toute inscription dans l'ordre humain. Cette thèse sera reprise par John Carothers dans son ouvrage : « The Africain Mind in Hea--th and Disease » (1953), rédigé à la demande de l'Organisation Mondiale de la Santé et qui fera longtemps autorité. L'image de l'Africain y est caractérisée par un manque de synthèse mentale. Il est donc inscrit dans le registre de l'animalité. Ainsi, les Noirs et les Arabes ne seraient pas des humains comme les blancs, par le fait d'être inscrits dans une morphologie cérébrale précorticale, renforçant par là même le mythe civilisateur du discours colonialiste. (S'appuyant sur des matériaux fort divers, afin d'anticiper les objections libérales et de jeter les bases d'une étude spécifiquement psychiatrique, Carothers évite une explication en termes physiologiques de la différence pour développer une argumentation se fondant sur une explication culturelle pensée comme « essentielle ». Mais son concept de culture africaine est si lié à la race, que la différence entre ces deux notions devient insignifiante. Malgré une série de précautions dans la discussion de ses éléments, il s'autorise une conclusion brutale et sans nuances : « La ressemblance entre le malade européen leucotomisé[1] et le primitif africain est très complète [...] L'Africain, avec son manque total d'aptitude à la synthèse, ne doit par conséquent utiliser que très peu ses lobes frontaux et toutes les particularités de la psychiatrie africaine peuvent être rapportées à cette paresse frontale »).[2] Seul un article du médecin commandant Costedoat, professeur agrégé du Val-de-Grâce en 1934 dénie toute spécificité à la psychopathologie indigène. Il y affirme l'universalité des structures pathologiques et reprend la référence à la culture comme déterminante d'une symptomatologie.

« Unité de la maladie mentale, unité du psychisme humain et de son fonctionnement, diversité des traductions symptomatiques : à l'évidence, l'article de Costedoat d'une étonnante modernité s'attaque de front à la conceptualisation de l'école d'Alger qu'il réduit à néant. Il est sans doute venu trop tôt, et il s'inscrivait par trop à contre-courant des conceptions dominantes, ce qui l'a privé du retentissement qu'il aurait pu avoir. En la matière, la position de l'auteur lui permettait peut-être un regard distancié parce que extérieur, l'affranchissant d'un lien d'appartenance qui était aussi un lien d'allégeance. Ce travail va longtemps demeurer unique et il faudra attendre, entre 1952 et 1960, le véritable coup de force qu'a été la révolte de Franz Fanon ».[3]

---

[1] La lobotomie est une intervention chirurgicale qui consiste à sectionner un lobe ou une portion du cerveau, et certaines fibres reliant le lobe frontal au reste du cerveau. Cette technique a valu à son inventeur Egas Moniz, neurologue et homme politique portugais, le prix Nobel de médecine en 1949.5 déc. 2017.
René Collignon, op.cit.p.541.

[3] Robert Berthelier, op.cit.p.138.

Camus ou « l'inconscient » colonial.

Cet écrivain de renommée internationale, prix nobel de littérature, grand humaniste, questionne. On apprécie l'éclairage qu'il porte sur les Kabyles entre les 5 et 15 juin 1939, dans la série : « Misère de la Kabylie », où il relève l'absurdité de la condition coloniale. Durant deux semaines il chronique la dure réalité coloniale en Algérie qui afflige la population autochtone. L'épouvantable misère qui les écrase sera publiée dans « Alger Républicain ». En revanche, les véritables raisons de l'indigence qu'il constate ne sont pas analysées. La représentation que Camus se fait des Kabyles est entachée de préjugés et stéréotypes coloniaux. En cela il ne s'exonère pas de la pensée coloniale. Il professe un colonialisme de bon aloi, bienveillant, auquel répondra un « indigène », Mouloud Feraoun, en publiant : « Jours de Kabylie », en 1954. Camus pour justifier son positionnement met en avant qu'il est un fils de pauvre, et qu'en cela il a autorité pour parler de la misère en Algérie. D'ailleurs, les « pieds-noirs » lui en ont fait grief et l'ont rejeté. Feraoun aussi est un fils de pauvre (titre de son premier roman) et l'O.A.S[1], la branche ultra des pieds noirs, l'assassine le 15 mars 1962, à Alger.

En réalité, chez Camus, on retrouve un même récit colonial sous-jacent que partage la communauté « pieds-noirs »: avant, en Algérie il n'y avait rien. Que des chèvres et quelques individus errant, sans nom, sans visage, sans passé ni avenir. Cette froideur on la retrouve dans « L'é-

[1] O.A.S., organisation armée secrète ou organisation de l'armée secrète, est une organisation politico-militaire clandestine française, créée le 11 février 1961 pour la défense de la présence française en Algérie par tous les moyens, y compris le terrorisme à grande échelle.

tranger ». Songeons à la lettre de Feraoun envoyé de Taourirt-Moussa, le 27 mai 1951, à Camus :

« J'ai pensé simplement que, s'il n'y avait pas ce fossé entre nous, vous nous auriez mieux connus, vous vous seriez senti capable de parler de nous avec la même générosité dont bénéficient tous les autres. Je regrette toujours, de tout mon cœur, que vous ne nous connaissiez pas suffisamment et que nous n'ayons personne pour nous comprendre ».

La position de Camus envers le peuple indigène est morale, uniquement morale, ce qui le conduit au nom de la justice à tout ignorer du réel du peuple algérien qui n'existe pas pour lui. :

« En ce qui concerne l'Algérie, l'indépendance nationale est une formule purement passionnelle. Il n'y a jamais eu de nation algérienne. Les Juifs, les Turcs, les Grecs, les Italiens, les Berbères auraient autant de droits à réclamer la direction de cette nation virtuelle. Actuellement, les Arabes ne forment pas à eux seuls toute l'Algérie. L'importance et l'ancienneté du peuplement français, en particulier, suffisent à créer un problème qui ne peut se comparer à rien dans l'histoire. Les Français d'Algérie sont, eux aussi, au sens fort des termes, des indigènes. Il faut ajouter qu'une Algérie purement arabe ne pourrait accéder à l'indépendance économique sans laquelle l'indépendance politique n'est qu'un leurre. Si insuffisant que soit l'effort français, il est d'une telle envergure qu'aucun pays à l'heure actuelle ne consentirait à le prendre en charge. »

Les « Indigènes » ont vécu sous statut colonial, ou code de l'indigénat, jusqu'au 7 mars 1944, date à laquelle il a été aboli par ordonnance. Rappelons les quatre types de mesures essentielles :

-Le séquestre des biens qui pouvait être collectif.

-Les amendes collectives.

-L'internement qui pouvait se traduire par une assignation à résidence ou par une détention.

-Les pouvoirs disciplinaires, qui permettaient à des agents de l'administration d'infliger des amendes ou des jours de prison pour punir une série d'infractions. 41 infractions spéciales (ramenées à 33 en 1890) comme le refus de renseigner les agents de l'autorité ; défaut de permis de voyage pour se déplacer ; actes de désordre sur le marché ; refus de transporter les fonctionnaires dans certaines régions ; refus d'obtempérer aux convocations des contrôleurs fiscaux.

Ce que d'aucuns appelèrent le régime du « bon tyran ». Ces sanctions n'étaient pas prononcées par un tribunal, mais par « un agent administratif ».

Conclusion.

La pathologisation de la race par l'usage médical psychiatrique a été une infection qui a ravagé les esprits simples et qui perdure malheureusement encore. Les nouvelles percées de la génétique, en présentant l'évidence de l'impossibilité de définir les races, devraient ruiner ces discours racistes. Pourtant, il n'en est rien. Au contraire, les propos xénophobes se banalisent, à commencer par des responsables politiques qui dépassent régulièrement les bornes. On songera à Nicolas Sarkozy, président de la République française pour qui : « le drame de l'Afrique, c'est que l'homme africain n'est pas assez entré dans l'histoire ». (26 juillet 2007 à Dakar). La liste est longue de ces « dérapages » qui, en cherchant à déshumaniser ceux à qui ils s'adressent, humilient ceux qui les tiennent.

Le thème du « racisme structurel » met à l'ordre du jour l'étude des textes de Fanon, notamment « Peau noire, masques blancs ». La non-reconnaissance en tant que « sujet de leur histoire », les personnes issues de l'immigration maghrébine rend impossible toute intégration républicaine et exalte le repli identitaire.

Citons Achille Mbembe : « Qu'est-ce qu'être soi à l'âge de la globalisation, sinon de pouvoir revendiquer librement telle ou telle particularité, la reconnaissance de ce qui dans la nation qui nous est commune, voire le monde qui nous est commun, me rend différent des autres ? Et de fait l'on pourrait suggérer que la reconnaissance de cette différence par les autres est précisément la médiation par laquelle je me fais leur semblable. Il s'agit bien d'un semblable et non d'un identique ; le partage des singularités est le préalable à une politique de l'en commun. »[1]Nous avons saisi l'origine des stéréotypes avec lesquels d'aucuns entretiennent

[1] Achille Mbembe, « Sortir de la grande nuit. Essai sur l'Afrique décolonisée », Paris, La Découverte,coll. « Cahiers libres », 2010, p.117.q

encore aujourd'hui une contestable communauté pour en faire une geste politicienne. Ce travail de mise à jour de textes ignorés, oubliés, (cachés encore pour certains, tant que leurs archives n'auront pas été consultées), en dit long sur leur folie raciste, quand ils s'ingénient à les parer des ornements de la science.

Bibliographie.

Aubin Henri. « Psychopathologie de l'indigène algérien » dans A.Porot (dir.publ). Manuel alphabétique de psychiatrie. Paris. Puf ? 2e édition.

Aurélia Michel. « Savoirs psychiatriques et ordre racial, entre collusions et conflits », in « Histoire, médecine et santé, 20/2022

Bègue Jean Marie. « Un siècle de psychiatrie en Algérie » (183 -1939), mémoire pour le CES de psychiatrie, faculté de médecine Saint-Antoine.

Berthelier Robert. 1970. « Tentative d'approche socioculturelle de la psychopathologie africaine ». Psychologie africaine. N°2.

Bestandji Naëm. « De bougnoule à « racisé » chronique d'un racisme ordinaire », Billet humeur. Publié le 11/02/2021.

Blanckaert Claude. Spectacles ethniques et culture de masse au temps des colonies. In Revue d'histoire des sciences humaines 2002/2 (n° 7), p. 223à 232.

Boigey. « Étude psychologique sur l'islam », AMP.9è série, t.VIII, octobre 1907.

Boulle Pierre-Henri. « La construction du concept de race dans la France d'Ancien Régime », in Outre-mers, t.89.

Camus Albert. « Misère de la Kabylie », éditions Domens. 2020.

Collignon René. « La psychiatrie coloniale française en Algérie et au Sénégal : esquisse d'une historisation comparative », éditions Armand Colin, « Revue tiers Monde », 2006/3 n°187.

Constans. 1883. « Discussion de la communication d'A.Voisin sur les aliénés en Algérie. AMP, IX.

Derobert-Rate. « Des Juifs oubliés : les patients des asiles d'Aix-en-Provence » (1842-1943). L'Écho des Carrières, n°67. 2012

Feraoun Mouloud. « Jours de Kabylie », éditions Le seuil, 2002.

Forcari Christophe. Journal Libération, publié le 2 juillet 2005.

Foucault Michel. « Il faut défendre la société », (1976). Paris, Gallimard/Le Seuil. 1997.

Furnari Xavier. « Voyage médical dans l'Afrique septentrionale ou de l'ophtalmologie considérée dans ses rapports avec les différentes races… suivi d'une appréciation analytique de la médecine chez les Arabes », JB. Baillière, Paris, 1845.

Hochman Jacques. « Le Tournant 1850 », in Histoire de la psychiatrie 2015.

Jeanson Francis. Préface de « Peau noire, masques blancs », Franz Fanon, éditions du Seuil, 1952.

Kocher Adolphe. « De la criminalité chez les Arabes au point de vue de la pratique médico judiciaire en Algérie », Thèse de médecine, Lyon, n°113, 1883-1884.

Laoudi Mabrouk. « De la psychiatrie en Algérie », elwatan.com 30/11/2010

Le Monde Diplomatique. Ces zoos humains de la République coloniale. Août 2000, p. 16et 17.

Linas Aimé. « Les aliénés en Algérie », AMP 1873, n°9.

Marquis Paul. « Du camp à l'asile ». « Les hospitalisations psychiatriques d'internés et de détenus politiques pendant la guerre d'indépendance algérienne », L'année du Maghreb, Dossier l'inévitable prison.

Mbembe Achille. « Sortir de la grande nuit. Essai sur l'Afrique décolonisée », Paris, La découverte, coll. « Cahiers Libres », 2010.

Meilhon. « L'aliénation mentale chez les Arabes », AMP. 8e série, t.I et II. Janvier novembre 1896. « Études de sociologie comparée », AMP, n°4.

Memmi Albert. « Portrait du colonisé », in Situation, V, éditions Gallimard, Paris 1954.

Pathou-Mathis Marylène. « Le paradigme racial », CNRS éditions, Hermès, Les 2013/2 n°66

Porot Antoine. « Notes de psychiatrie musulmane », AMP, 10e série, mai 1918.

Rechtman Richard ». La psychiatrie à l'épreuve de l'altérité. Perspectives historiques et enjeux cultuels », in Didier Fassin (dir). « Les nouvelles frontières de la société française », éditions La découverte.2010.

Sutter Jean. « Le primitivisme chez l'indigène algérien », AMP, 1958.

Swain Gladys, « Dialogue avec l'insensé. À la recherche d'une autre histoire de la folie », Paris, éditions Gallimard, NRF, coll. Bibliothèque des sciences humaines. 1994.

Trenga Victor. « L'âme arabo-berbère », Étude sociologique sur l'islam nord-africain. Homa éditeur, Alger 1913.

Voltaire ». Traité de métaphysique », 1734.

Yacine Jean-Luc. « Jean-Paul Sartre, un homme engagé pour l'indépendance de l'Algérie et contre la torture, editions Rahma, Lyon. 2022.

Yacine Jean-Luc. « La folie à l'âge démocratique ou l'après Foucault. » Champ Social Éditions, 22 mars 2004.

Structures éditoriales du groupe L'Harmattan

L'Harmattan Italie
Via degli Artisti, 15
10124 Torino
harmattan.italia@gmail.com

L'Harmattan Hongrie
Kossuth l. u. 14-16.
1053 Budapest
harmattan@harmattan.hu

L'Harmattan Sénégal
10 VDN en face Mermoz
BP 45034 Dakar-Fann
senharmattan@gmail.com

L'Harmattan Cameroun
TSINGA/FECAFOOT
BP 11486 Yaoundé
inkoukam@gmail.com

L'Harmattan Burkina Faso
Achille Somé – tengnule@hotmail.fr

L'Harmattan Guinée
Almamya, rue KA 028 OKB Agency
BP 3470 Conakry
harmattanguinee@yahoo.fr

L'Harmattan RDC
185, avenue Nyangwe
Commune de Lingwala – Kinshasa
matangilamusadila@yahoo.fr

L'Harmattan Congo
219, avenue Nelson Mandela
BP 2874 Brazzaville
harmattan.congo@yahoo.fr

L'Harmattan Mali
ACI 2000 - Immeuble Mgr Jean Marie Cisse
Bureau 10
BP 145 Bamako-Mali
mali@harmattan.fr

L'Harmattan Togo
Djidjole – Lomé
Maison Amela
face EPP BATOME
ddamela@aol.com

L'Harmattan Côte d'Ivoire
Résidence Karl – Cité des Arts
Abidjan-Cocody
03 BP 1588 Abidjan
espace_harmattan.ci@hotmail.fr

Nos librairies en France

Librairie internationale
16, rue des Écoles
75005 Paris
librairie.internationale@harmattan.fr
01 40 46 79 11
www.librairieharmattan.com

Librairie des savoirs
21, rue des Écoles
75005 Paris
librairie.sh@harmattan.fr
01 46 34 13 71
www.librairieharmattansh.com

Librairie Le Lucernaire
53, rue Notre-Dame-des-Champs
75006 Paris
librairie@lucernaire.fr
01 42 22 67 13

www.ingramcontent.com/pod-product-compliance
Lightning Source LLC
LaVergne TN
LVHW011714230826
846091LV00015BA/4154

9782140350986